LA DIVINE COMEDIE

DE

DANTE ALLIGHIERI

1.er CHANT DE L'ENFER

3me, 10me, 24me, 25me, 26me DU PARADIS

Traduits en vers français avec notes

par Hippolyte Topin

Ancien Professeur de l'Université de France;
Correspondant de l'Académie des Sciences et Lettres d'Aix; de la Société de Statistique, d'Agriculture de Marseille; ex-Secrétaire de la Société d'Horticulture de la même ville; de l'Académie Labronica de Livourne; Membre de l'Académie impériale Agricole et Industrielle de Paris; du Congrès Scientifique de Marseille, Rennes etc.;
Professeur de Littérature française.

Sit mihi divini tantum vestigia vatis
Posse sequi, summo que volans dum tendit olimpo
Sublimem aspicere et longe observare tuendo
VANIER. proed. rust.

CATANE

TYPOGRAPHIE DE L'HOSPICE ROYAL DE BIENFAISANCE

1857

LA DIVINE COMEDIE

ENFER CHANT PREMIER.

ARGUMENT.

Entrée du poète dans une forêt.—Obstacle. Apparition de Virgile; exposition du sujet.

A mi-chemin du cours de notre douce vie,
Je me surpris au sein d'une obscure forêt
Ou j'avais dévié de la route suivie.
Eh, telle qu'elle était, quel coeur la redirait
Cette forêt sauvage, épaisse, herissée,
Réveillant en mes sens l'effroi qui m'égarait.
La mort seule un peu moins affaisse la pensée;
Mais pour traiter du bien que m'offrait son horreur,
J'en redirai l'image en moi-même tracée.
Mystère est mon accès en ce lieu de terreur,
Tant le sommeil alors pesait sur ma paupière,
Quand hors du vrai sentier je marchai dans l'erreur.
A peine au pied d'un mont immobile barrière
Précisément au point ou ce val se fermait,
Lui qui voilait mon cœur d'une tristesse amère,
J'élève en haut mon oeil, et j'en vis le sommet
Vêtu des matineux rayons de la planète
Qui droit et toujours droit dans tout chemin vous met.

Un levrier hardi que l'or ni la puissance
Mais vertu, mais sagesse, amour saura nourrir.
Entre les deux Feltro là sera sa naissance;
L'humble Italie en lui se verra refleurir,
Elle pour qui Camille a prodigué sa vie ,
Euryale, Nisus, Turnus ont su mourir.
Cette louve partout restera poursuivie
Tant qu'il ne l'aura point refoulée en enfer,
Tristes bords d'où jadis la détourna l'envie
Ainsi ton intérêt veut et doit t'exhorter ;
Hâte-toi, suis mes pas, tout te sera licite;
Par des lieux éternels je te ferai monter.
Là, frapperont tes sens le remords qui s'irrite;
Là, les mânes anciens dont la longue douleur
A la deuxieme mort crie et la sollicite;
Là tu trouveras ceux qui de gaîété de coeur
Brûlent, vivant bercés dans la douce espérance
D'aller, n'importe quand, au séjour du bonheur,
Séjour, où, si tu veux y pénétrer d'avance,
Un plus digne que moi t'en fera tout l'honneur,
Et qui, moi m'éloignant, aura ma confiance:
Car celui qui là-haut règne en dominateur,
Attendu qu'a sa loi je fus un réfractaire ,
Me défend que d'aucun j'y sois l'introducteur.
Son empire est partout, mais là son sanctuaire ,
Son trône, sa cité, dans les plus hauts parvis,
Heureux qui vient reçu dans sa divine sphère.
Au nom de ce Dieu grand que tu n'as point compris,
Poète, répondis-je, écoute qui désire ;
Pour m'éviter ce mal, et peut-être encor pis,
Conduis-moi dans ces lieux dont tu viens de me dire ;
Fais-moi voir cette porte où Saint Pierre est assis,
En passant par l'asile ou l'on pleure et soupire.
Lors il se mit en marche et moi je le suivis,

PARADIS CHANT TROISIÈME

ARGUMENT

Le ciel de la lune.—Ames qui par violence ont manqué à leurs voeux.—Piccarda.

Ce soleil qui d'amour brûla d'abord mon coeur,
De l'aspect du beau vrai me peignit la douceur,
Confirmant le réel, confondant l'imposture;
Et moi pour constater que docile parjure
Je m'amende et je crois, et sincère et profond,
Plus hardi pour parler je lève en haut mon front.
Mais une vision née à mes yeux m'attire,
A soi m'attache intime et veut que je l'admire,
Me faisant oublier mon aveu d'un moment.
Tel dans un cristal pur, lucide diamant,
Ou même au sein d'un flot limpide, uni, paisible,
Mais profond et si peu que le fond soit visible,
Les contours de nos traits revivent à nos sens
Si faibles que la perle en des fronts palissants
Se revèle moins prompte à nos vives prunelles;
Ainsi près de parler je vis des faces telles,
Et tombai dans l'erreur opposée à son tour
A celle qui mût l'homme et la source à l'amour.
Au moment où mon œil soudain les envisage,
Je crois qu'en un miroir est une humaine image;
Je me tourne cherchant à qui ce groupe tient,
Et nul ne m'apparait: mon oeil alors revient,
Et marche droit à l'oeil de mon guide fidèle
Qui dans sa sainte orbite en riant étincelle.

Ne t'émerveille point si tu vois mon souris
Quand je songe, dit-elle, à tes pensers puérils;
Ton pied ne pose point encor sur le solide,
Mais il te fait glisser comme on fait sur le vuide.
Ce que tu vois sont corps, et corps non fabuleux,
Et relégués ici pour manquement de voeux.
Courage, parle-leur, écoute, et que tu croie,
Car l'éclat-vérité qui les ouvre à la joie
Se refuse à vouloir de lui les séparer;
Et moi vers l'ombre alors qui semblait désirer
D'entamer le discours je me tourne et débute,
Comme on bégaie ému de trop de promptitude:
Esprit heureux créé qui sous les doux rayons
De l'éternelle vie en savoures les dons,
Dons mal appréciés de qui n'a pu s'y plaire,
Sois gracieuse assez jusqu'à me satisfaire
Sur ton nom, dis-le moi, dis quel fut ton état?
Elle, à l'instant, m'a dit, l'oeil riant, plein d'éclat:
Notre amour n'a jamais refusé notre porte
A tout juste désir, puis en tout se comporte
Tel celui qui semblable à lui veut tout son chœur.
Au monde des humains je fus et vierge et soeur;
Si ton oeil attentif cherche à me reconnaître,
Mon surcroît de beauté te trahira mon être.
Vois en moi Piccarda; je la suis, je la fus.
Partageant ce séjour avec ce peu d'élus,
Je suis heureuse ici dans la plus lente sphère.
Nos coeurs affectueux que l'esprit saint éclaire,
Enflamme, ne font rien que sous son bon plaisir,
Tressaillant d'allegresse en suivant son désir;
Et ce sort qui parait peu digne en apparence
Nous écheâit pour punir en nous la négligence
De nos voeux demeurés vides de pleins effets.
Et je lui répondis: sur vos célestes traits
Je ne puis m'expliquer quel sublime y rayonne
Qui vous transforme en moi toute votre personne,
Et c'est ce qui m'a fait si lent mon souvenir;
Mais ce que tu m'as dit me le vient rajeunir;
Et voir en moi tes traits me devient plus facile.
Mais vous qui de bonheur vivez en cet asile
Parle, desirez-vous un plus suprême lieu
Pour mieux voir, ou plutôt vous aimer plus en Dieu?

Au souris de ses soeurs son doux rire se mêle ;
Puis elle me répond toute joyeuse, et telle
Que d'un premier amour elle semblait brûler:
Frère, une charité vive en nous sait régler
Nos vouloirs et nous rend seulement désirable
Ce que nous possédons sans désir préférable.
Si nous cherchions plus haut notre félicité,
Nos désirs ne seraient qu'une indocilité
Aux vouloirs de celui qui nous mit dans ces sphères,
Ce qui ne saurait être ici dans ces lumières,
Si force est à l'amour ici s'harmonier,
Et si tu sais au juste en soi l'apprécier.
Ainsi donc pour fixer cette heureuse existence
Vouloir en Dieu voilà son principe d'essence,
Car nos desirs en un se résument en lui.
Telles donc qu'on nous voit en cet empire-ci,
De cercle en cercle, ainsi, nous charmons tout l'empire,
Et son roi qui s'interne en nous, veut et désire.
Notre paix est pour nous dans son vouloir qui veut;
Il est la vaste mer où librement se meut
Tout ce qu'a fait son bras et poli la nature.
Je vis alors qu'au ciel et j'ai pu le conclurre,
Tout point est paradis, bien qu'inégalité
Dispense la faveur de la toute-bonté;
Mais ainsi qu'il advient quand un mets rassasie,
Que d'un second encor reste la fantaisie,
Qu'on repousse celui dont on n'a pas fait choix;
Ainsi je fis alors du geste et de la voix,
Voulant savoir pourquoi la toile non finie,
Vit rester en chemin la navette engourdie.
Une femme, dit-elle, et grande de vertus,
Trône en des cieux plus hauts; là-bas sur ses statuts
On se vêt, on se voile, au terrestre hémisphère,
Pour dormir et veiller jusqu'à l'heure dernière
Avec le digne époux accueillant tous les voeux,
Que la charité règle à ses désirs pieux.
Jeune encor, pour l'aimer, d'un monde fait pour plaire
J'ai fui, me renfermant sous sa robe sévère;
A ses loix je jurai longue fidélité,
Puis tel et tel au mal, bien plus qu'au bien porté
De ce cloître chéri malgré moi m'a ravie,
Puis, puis Dieu sait quel fut le reste de ma vie.

Et cette autre splendeur qui, vers ce côté droit,
Etincelle à tes yeux et s'enflamme et s'accroît
De tout le lumineux de notre belle sphère,
Son histoire c'est moi: je n'ai pas du m'en taire;
Soeur, jadis, comme à moi, la force a profané
L'ombre du bandeau saint dont son front fut orné.
Quand dans le monde on l'eut de nouveau ramenée,
Et contre ses désirs à l'hymen entrainée,
Son cœur resta fidèle an froc qu'elle adorait.
Dans l'astre ici présent Constance t'apparait
Dont un troisième orgueil de directe naissance
De la Souabe en lui vit finir la puissance.
Ainsi m'a-t-elle dit, et soudain entonnant
Ave Maria, chante et fuit en émourant:
Telle à travers l'eau terne une pesante masse.
Mon avide regard insiste sur sa trace,
La suit autant qu'il peut, puis, enfin la perdant,
Revole vers le but de son désir ardent,
Se concentre en entier sur Béatrix entière;
Mais elle de son oeil foudroya ma paupière,
Telle qu'au prime abord j'en redoutai l'éclair,
Et ceci me rendit plus timide à parler.

PARADIS CHANT DIXIÈME

ARGUMENT

Ascension au quatrième cercle, (le cercle du soleil).
S.t Thomas d'Aquin.

Concentraut en son fils toute la vive ardeur
Qui dans l'un et dans l'autre éternelle respire,
La puissance ineffable et le premier moteur
Créa si régulier tout ce que l'oeil peut lire,
La pensée embrasser, qu'en le bien contemplant
On ne peut nier Dieu dans un si beau rouage.
Lecteur, montons de l'oeil dans l'espace brûlant
Directement au point de la céleste plage
Où les deux cercles mûs se heurtent en roulant.
Là réjouis tes yeux du sphérique assemblage
Du maître qui se plait dans l'oeuvre des six jours,
Et si bien, que jamais il n'en distrait sa vue.
Vois comment de ce point il déroule son cours
L'orbe oblique apportant la planète attendue
Aux voeux de l'univers réclamant ses retours.
Si sa route n'allait sinuant l'étendue,
Force influence au ciel vainement languirait,
Et toute vertu presque y dormirait sans vie.
Si du sentier direct sa route s'égarait
Ou plus ou moins, du monde entier l'économie
Et là bas et la haut se bouleverserait.
Ferme à ton banc, lecteur, reste je t'y convie,
Reviens sur tes pensers anticipé festin
Avant que tout plaisir ne tourne en lassitude.

Je t'ai servi les mets, prends-en le doux levain,
Car il me veut tout zèle et tout sollicitude
Le chant dont je me suis déclaré l'écrivain.
L'agent le plus puissant du monde en servitude,
Scellant du feu du ciel tous les objets divers,
Et dispensant le tems par sa propre lumière,
Joint au cercle plus haut énoncé dans mes vers,
Paisible, parcourait la spirale carrière
Par où l'heure infaillible arrive à l'univers.
Et j'étais avec lui; mais comment en son aire?
Je ne m'en aperçus pas plus qu'homme ne sait
Le penser le premier qui vient en sa pensée.
Et Béatrix mon guide, elle que l'on connait
Passer du bien au mieux, soudain improvisée
Et dont l'aspect se change avec l'instant qui naît,
Oh, de quel grand éclat elle était rehaussée,
Pénetrant avec moi dans le soleil-miroir,
Non point par des couleurs mais lumière ostensible.
Vainement le génie, et l'art et le savoir
Tenteraient d'en tracer une image possible:
Bornez-vous à me croire et dèsirez le voir.
Mais, si telle hauteur parait inaccessible
A notre esprit trop bas que serions nous ravis?
Au delà du soleil avoir vu, qui s'en vante?
Tels au quatrième orbe étaient les saints admis
Que le père des cieux de sa vue alimente,
Respirant en l'esprit, s'engendrant en son fils.
Et Béatrix a dit: grâce reconnaissante
A l'éternel soleil des anges, sa bonté
A ce soleil visible a guidé ton voyage.
Jamais un cœur ne fut plus docile exalté
Pour consacrer à Dieu le tribut et l'hommage
De tout ce qu'un mortel peut en réalité,
Que ne le fut le mien après ce doux langage;
Et mon amour en Dieu s'interna tout, et fit
Que Béatrix en moi se tait, s'efface, expire.
Bien loin de s'y déplaire, elle au contraire en rit,
Et telle que son oeil au lumineux sourire
D'un tout sur divers points divisa mon esprit.
Je vis maints feux vivants déployer leur empire,
Nous prendre, nous, pour centre, eux cercler l'horizon,
Plus suaves de voix qu'éclatants de lumière...

Telle, à nos yeux, Phébé tempérant son rayon
Luit, incertaine, alors qu'en un dense atmosphère
Elle retient le fil anneau de son giron.
A la cour de ce ciel d'où je reviens naguère,
On trouve des joyaux et beaux et précieux,
Tels qu'on ne les saurait exporter de leurs sphères.
De ces beautés étaient les hymnes de ces feux.
Qui pour voler là-haut n'a des ailes légères
Attendra d'un muet les nouvelles des cieux.
Continuant leur chant ces ardents luminaires
Trois fois, autour de nous, roulent tourbillonnants:
Tels les astres voisins de l'immobile pôle.
Je crus voir devant moi danseuses en suspens,
Muettes écouter pour reprendre à la vole
La note qui viendra solliciter leurs chants.
Et j'entendis l'un d'eux qui saisit la parole:
Quand le feu de la grâce allumant cet amour,
Qui vrai s'accroît d'amour et qui flamme éternelle,
En toi multiple luit, et, dans le haut séjour,
T'a conduit bienveillant par cette sainte échelle
D'où nul n'est descendu sans espoir de retour:
Qui nierait à ta soif de sa gourde cruelle
La vitale liqueur vivrait sans liberté,
Comme l'onde en son cours qui serait entravée.
Tu désires combler ta curiosité,
Savoir d'où naît la fleur en festons enlacée,
Qui de ton guide aux cieux réjouit la beauté?
Je fus un des enfans de la sainte couvée
Qui suivit Dominique en son pieux chemin,
Où bien l'on se repâit à moins qu'on ne dévie.
Celui qu'à droite j'ai pour plus proche voisin
Fut moine et maître mien, Cologne est sa patrie,
Albert son nom, et moi je suis Thomas d'Aquin.
Veux-tu? je puis plus loin contenter ton envie;
Poursuivons, viens avec, suis de tes yeux ma voix;
Visitons fleur à fleur la guirlande béate:
En ce scintillement qui te sourit, tu vois
Gratian pour qui la joie au paradis éclate;
Et pourquoi? son savoir éclaira les deux droits.
L'autre occupant tout près la place immédiate
Fut ce Pierre fameux oblateur de son or
A sainte église, ainsi que la veuve pauvrette.

La cinquième lueur, plus que nous belle encor,
Respire tant d'amour que la terre inquiète
Désire d'en connaître ou la chûte, ou l'essor.
En elle est cet esprit de tant de science abstraite
Qui si la vérité reste la verité
N'eut et n'aura jamais d'égal ou de semblable.
Vois non loin ce flambeau, magnifique clarté,
Qui la bas sous la chair lut dans l'impénétrable
La nature de l'ange et sa causalité.
Là, dans ce point lueur qui te sourit aimable,
Des temples du chrêtien tu vois le défenseur;
A son style Augustin y pourvut sa pensée.
Si de l'oeil de l'esprit tu suis ton moniteur,
Recueillant sur mes pas la louange semée,
De huit en voilà sept de lueur en lueur.
A l'aspect de tout bien, ici, brûle embrasée,
L'âme sainte au coeur pur qui d'un monde où tout ment
Révéla les dangers à qui sut bien le lire.
Le corps dont on l'avait chassée indignement
Gît paisible à Ciel-d'or, et ce fut du martyre,
Et de l'exil qu'elle eut en paix ce gisement.
Vois flamboyer plus loin ce foyer qui respire:
C'est Isidore, et Bède, et Richard qui, parfait,
Eleva ses pensers plus qu'une âme ordinaire.
Celui d'où ton regard de lui sur moi se plait
C'est une âme qui grave en profonde matière
Trouva la mort trop lente au gré de son souhait.
C'est du savant Siger l'immortelle lumière
Qui dictant ses leçons au Fouarre carrefour
Toucha des vérités dont on se fit un glaive.
Puis semblable à l'horloge avertisseur du jour
Quand l'épouse de Dieu matinale se lève
Pour chanter à l'époux dont elle veut l'amour,
De son rouage mû l'un force, l'autre élève,
Parlant son tintement par un si doux tin, tin,
Que l'esprit bien dispos en amour se révèle.
Du glorieux rouage ainsi le jeu soudain
Se mût, dit mot par mot un son de douceur telle
Que nul ne peut saisir ce langage divin,
Si ce n'est au séjour de la joie éternelle

PARADIS CHANT VINGT-QUATRIÈME

ARGUMENT.

Invocation de Béatrix au Collége apostolique. S.t Pierre examine Dante sur la foi.

Bienheureux conviés élus au grand banquet
Du cher agneau béni qui fait votre pâture
Telle que pleinement votre ardeur s'en repait,
Quand ce mortel a part à votre nourriture
Emanant jusqu'à lui de ce parvis sacré,
Avant l'instant fatal que prescrit la nature,
Aimez ce grand désir en son coeur concentré,
Instillez sur son front: aux ondes généreuses
Où vous buvez il puise, il en sort inspiré.
Béatrix avait dit, et ces âmes heureuses,
Sur des axes constants dé tourner, redoubler,
Flamboyant à l'instar de sphères lumineuses.
Tel dans l'horloge on voit chaque cercle rouler
Sur son axe, mais tel que l'oeil qui considère
Croit voir le premier stable et le dernier voler.
Tels ces feux oscillant d'une et d'autre manière
Me fesaient présumer de leur félicité,
Selon qu'était leur cours, lent, rapide, ordinaire.
Du feu qui me sembla de plus grande beauté,
J'eu vois jaillir un feu qui si joyeux rayonne
Qu'il les dominait tous par sa vive clarté.
Autour de Béatrix trois fois il tourbillonne,
L'honore par un chant si pur et si divin
Qu'à le dire jamais je défierais personne.

Ma plume aussi le saute et cède à l'ecrivain:
Vouloir d'un tel effet parler à l'arbitraire
Le style et le pinceau le tenteraient envain.
Sainte soeur qui nous fais ta si vive prière,
Par ton amour qui plait aux coeurs que tu ravis
Tu m'arraches du sein de cette belle sphère.
Ensuite s'arrêta ce feu, rayons bénis,
Souffla sur Béatrix son haleine éphémère,
Quand il eut proféré ces mots que j'ai redits.
Puis elle: ô, du grand homme, éternelle lumière
Auquel le Christ fia les clefs cet instrument
De l'inéfable joie octroyée à la terre,
Sonde ce coeur humain plus, moins profondément,
A ton gré, sur la foi cette vive etincelle
Qui t'a fait sur les flots t'avancer hardiment!
S'il aime, espère, croit, vrai, confiant, fidèle,
Tu le sais, car ici tu vois tous les objets
Dans l'être qui contient l'existence éternelle.
Mais comme cet empire est peuplé de sujets
Vrais enfants de la foi, pour en grandir la gloire
Viens jusqu'à ce mortel dire de ce qu'elle est.
Tel le bachelier s'arme, évoquant sa mémoire
Muet tant que le maître ait proposé les faits
Qu'il faudra soutenir sauf réserve de croire:
Tel pendant son discours je me prémunissais,
Pour être en tems utile, avec arme légale,
A bon solliciteur intrépide profès.
Réponds, fervent chrétien, que ton âme s'étale,
Qu'est la foi? Sur ces mots je dirige mes yeux
Vers la dite lueur d'où cette voix s'exhale;
Et puis vers Béatrix dont l'oeil impérieux
Ordonna que j'ouvrisse à l'instant la barrière
Qui retenait en moi mes flots silencieux.
Grâce, quand tu permets qu'au grand primipilaire
Je me dévoile, dis-je, et m'ouvre tout entier,
Oh, fais couler ma voix, simple, énergique, claire!
Et je suis: tel qu'en nous pour la fortifier
Mon père, en écrivit ton frère en sa foi vive,
Lui qui mit avec toi Rome en son vrai sentier,
Qui dit foi, dit substance, objet, expectative,
Argument d'un réel qui n'a rien d'apparent,
Telle sa quiddité m'apparait objective.

Tu dis bien, si tu sais la raison de son rang,
Me fut-il dit, et si ta science m'éclaire
Pourquoi substance avant, pourquoi puis argument.
Et je réplique alors; Chaque profond mystère
Qui sous un large aspect ici se montre à moi
Est à l'oeil si caché dans le double hémisphère,
Que leur seule existence existe dans la foi,
Sur qui de l'espérance est basé le haut trône,
Et c'est ce qui la fait vraiment substance en soi.
C'est d'après cette foi qu'il faut que l'on raisonne,
Et sans aucun égard à tel et tel on dit:
C'est le pourquoi du nom d'argument qu'on lui donne.
Si la science, en-bas, (la voix me répondit),
Et quelle quelle soit, était si bien comprise
Le sophisme dès lors y serait sans crédit.
De cet amour ardent s'exhala cette brise,
Puis me dit: Dès long-tems cette monnaie a cours,
Monnaie à bon aloi qu'à son poids juste on prise;
Mais toi la loges-tu dans ta bourse, et toujours?
Oui, dis-je, oui, je l'y tiens, bien luisante et bien ronde,
Telle que sur son coin nul doute de nos jours.
Puis j'entendis sortir de la lueur profonde
Resplendissant en lui: Ce plus cher des joyaux
Sur la base du quel toute vertu se fonde,
D'où te vient-il? Et moi: Les torrentiels flots
De l'esprit saint pleuvant en bienfaisante ondée
Sur les feuillets sacrés, soit anciens, soit nouveaux,
M'en sont un syllogisme une preuve acérée,
Mais telle que toute autre en démonstration
Apparait, à mon sens, pleinement émoussée.
Puis j'entends: Quand tu prends cette conclusion
Pour deux lois à la fois, la jeune et l'ancienne,
Qui te les fait tenir pour révélation?
Et moi: La vérité corroborant la mienne;
Les oeuvres que nature a pu seule opérer,
Sans enclume et fer chaud battus à perdre haleine.
Il me fut répondu: Dis, qui peut t'assurer
Du réel de ces faits? Hors de ce même style
Qu'il faut prouver, rien, rien ne te le peut jurer.
Si le monde séduit courut à l'évangile
Sans miracle, ai-je-dit, ce miracle est si grand
Qu'à lui seul par lui-même il en vaut plus de mille;

Car tu vins, maigre, pauvre, et de faim soupirant
Semer dans le vieux sol une excellente graine,
Jadis vigne, aujourd'hui sauvageon déchirant.
A travers les soleils quand je finis à peine
Le choeur sacré s'écrie: Entonons au Seigneur,
Imitons les accents du céleste domaine.
Et l'illustre baron mon examinateur,
Lui qui m'avait poussé presque à l'extrême faîte,
De rameaux en rameaux, poursuit, pressant docteur:
La grâce, Déité qui te rit, qui te fête,
A laissé ton esprit librement, hors de soi,
Déclarer jusq'ici ce qu'il faut qu'on admette,
Tel que j'approuve tout, tout ce qui vient de toi.
Il te faut maintenant m'exposer ta croyance,
Et me dire la source où tu puisas ta foi.
— Père saint, esprit grand, toi qui vis l'existence
De ta foi, mais si bien que tu sus empiéter
Sur un pas plus agile à la tombe en souffrance,
Commençai-je, tu veux m'ouir manifester
Mon symbole de foi; que je te communique
Et son principe auquel il te plait d'insister?
Je dis: Je crois en Dieu, puis je le crois unique,
Eternel, sans moteur, par amour, par désir
Mouvant tout, de tout tems, et toujours identique;
Et j'ai maints arguments à le bien soutenir
Et dans l'ordre physique et le métaphysique,
Et mieux la vérité qu'on sait d'ici venir,
Par Moïse, David, et la voix prophétique,
Et l'évangile, et vous, écrivains autrefois;
Quand l'esprit saint en vous se fit apostolique.
Trois personnes en Dieu je les crois, et les crois
Eternelles; j'en crois une et triple l'essence,
Telle qu'elle comporte, elle est une et sont trois.
Pour l'union divine, et profondeur immense
Que je discute ici, me suffit un auteur;
Mille fois l'évangile en scelle ma conscience.
Le principe est d'ici, de là le point lueur
Qui puis s'étend, grandit à la flamme semblable,
Et comme un astre au ciel étincelle en mon coeur.
Tel un maître entendant un message agréable
Félicite un héraut, l'embrasse tendrement
Au terme d'un récit et doux et mémorable;

Ainsi quand j'eus cessé me bénit en chantant
Et de joie animé, l'esprit apostolique,
Et lui qui me força dans mon retranchement
Me ceignit par trois fois, tant lui plut ma logique (1).

(1) Les dernières traductions de Dante qui ont pu nous parvenir depuis la première publication de nos études sur ce poète imprimées a Florence sont: La traduction anglaise en prose par O'donnel, élégante et littérale; celle de Wright en vers. L'auteur a introduit avec succès dans la langue anglaise le tercet de Dante.

Sa traduction qui reproduit chaque chant de la Divine Comédie sans ajouter un vers de plus est tenue pour un chef-d'oeuvre et occupe une place distinguée à côté de celle de Virgile, par Dryden et d'Homère par Pope.

La traduction en vers latins par l'abbé Piatta est regardée comme supérieure à celle de Thomas d'Aquin; celle du prince Jean en vers Allemands avec des commentaires fait grand bruit en Allemagne. M.r Ratisbonne a publié le purgatoire traduisant le tercet à rimes croisées de Dante par le tercet français.

Enfin a paru celle de Lamenais. On s'attendait à mieux. Cette traduction est insoutenable comme lecture d'agrément; et comme traduction, c'est un mélange bizarre de néologismes et d'archaïsmes, oeuvre inculte, incolore, simple étude d'auteur sur un grand poète que le traducteur a travesti.

Nous devons mentionner aussi le manuscrit conservé à la bibliothèque des R. P. Bénédictins de Catane, sur le quel le bibliothécaire Della Marra a fait un travail important, relevant les erreurs et les omissions de vers qu'on y rencontre de tems en tems, manuscrit pourtant qui présente souvent la plupart des bonnes variantes admises dans les éditions les plus correctes.

PARADIS, CHANT VINGT-CINQUIÈME.

ARGUMENT

L'Apôtre S.t Jacques examine Dante sur l'espérance.

Si le sort veut un jour que le sacré poëme
Au quel le ciel, la terre, ont eu si grande part,
Et qui pour de longs ans a maigri mon moi-même,
  Désarme la rigueur m'exilant du beau parc
Ou pacifique agneau reposa mon enfance,
Hostile à chaque loup qui lui lance son dard;
  Renom et robe en moi, tout régénérescence,
Je reviendrai Poëte, et prendrai le laurier
Sur ces fonds baptismaux témoins de ma croyance.
  Ce fut là mon début dans le divin sentier
De la foi, par qui l'âme à Dieu se concilie,
Et d'où trois fois m'a ceint l'apôtre le premier.
  Puis s'avance vers nous un feu qui se délie
Du groupe d'où sortit le prince des pasteurs
Chefs que légua le Christ à la nouvelle vie.
  Et ma Donna suivant ses transports ovateurs
M'a dit: admire, admire, et vois le patronage
Pour qui, là-bas, Gallice abonde en visiteurs.
  Telle à son compagnon vient, pose sur la plage
La colombe, et tous deux ils se disent leurs feux,
Tournent, en murmurant leur suave langage.
  Ainsi j'ai vu deux grands, deux princes glorieux,
D'un bienveillant accueil se renvoyer l'hommage,
Louant les mets, là-haut, nourriture des cieux.

Puis après les saluts, les compliments d'usage,
Muet et *coram me* l'un et l'autre posa,
Rouge de feu, mais tel à vaincre mon visage.
Et Béatrix riante en ces mots commença:
Grande âme, c'est par toi que la munificence
De notre Basilique aux siècles s'annonça;
Fais-nous en ces hauts lieux retentir l'espérance?
Tu sais qu'autant de fois tu l'es, et l'as été
Que Jésus à ses trois se fit plus évidence.
— « Haut le front, et retiens pour ta felicité
« Que tel qui vient ici du monde de la terre
« Doit y prendre à nos feux pleine maturité. »
Ces mots fortifiants du second luminaire
M'arrivent, lors mon oeil s'élève vers les monts,
Quand surchargé dabord il baissa la paupière.
— « Puisque notre grand Sire, oh, graces à ses dons,
Empiète sur tes jours, et dans son sanctuaire
T'accorde un tête-à-tête avec ses plus grands Mons,
Afin qu'instruit du vrai que son palais enserre
L'espérance en ton coeur, en autrui s'en nourrit,
Elle lien d'amour au terrestre hémisphère,
Explique ce qu'elle est, et comment s'en fleurit
Ton âme? dis, en toi, d'où, quand, comment entrée? »
C'est la même clarté qui toujours poursuivit.
Et pieuse Donna mon guide à l'empyrée,
Soutien de mon essor dans les mondes distants,
Se subroge à ma voix à parler préparée.
L'église ne connaît parmi ses combattants
Nul enfant plus que lui ferme dans l'espérance
Tel qu'on le voit écrit dans l'oeil des firmaments.
Si, désertant l'Egypte, il visite d'avance
Jérusalem, soldat qu'on réclame à servir,
Une grande ferveur lui vaut cette indulgence.
Quant aux deux autres points que tu veux éclaircir,
Non pas pour les savoir, mais afin qu'il redise
Combien cette vertu te cause de plaisir,
Je les livre à son gré, qu'il parle sans remise,
Il le peut sans jactance et sans être étonné,
Et la grâce de Dieu sur ce le favorise.
Tel l'élève au docteur riposte spontané,
Hardiment, sur les points qui fondent sa doctrine,
Afin que son savoir éclate instantané:

L'espérance, dis je, est l'attente que domine
Le réel d'une gloire avenir, le moteur
D'un prémérite né de la grâce divine.
  Cette clarté me vient de plus d'une splendeur,
Mais en moi, le premier, en glissa la semence
Le chantre souverain du grand ordonnateur.
  Oh, qu'il mette en toi seul toute son espérance
Quiconque sait ton nom, a-t-il dit, dans ses chants;
Eh, qui peut l'ignorer quand on a ma croyance?
  Ton épître en doux flots les coula dans mes sens,
Tant et tant que mon âme en est surabondante,
Et de moi sur autrui je les pleus, les épands.
  Tandis que je disais, dans l'aire éblouissante
De cet embrasement, un grand feu palpitait,
Multiple, spontané, tel que l'éclair s'enfante.
  Puis il a dit: l'amour, et qui me dévorait,
Instinct à la vertu ma compagne fidèle
De la palme à l'arène où la lutte expirait,
  Veut que je m'en exhale à toi tout feu pour elle.
Dis, car j'aime à savoir de toi ce que tu crois,
De l'espérance, enfin, qu'attends-tu, dis, révèle?
  L'écriture ai-je dit, et j'entends les deux lois
Pose le but qu'ici ce lieu me signifie,
Les coeurs dont Dieu s'est fait un délectable choix,
  Un double vêtement, nous a dit Isaïe,
Dans leur vrai domicile un jour les vêtira,
Et leur vrai domicile est cette douce vie.
  Plus pleinement encor ton frère en pérora
Dans ce point où traitant de l'aube blanchissante,
Sur cette vérité sa foi nous éclaira.
  Mais avant qu'eut cessé ma voix obéissante
Dans le plus haut des cieux s'entend *sperent in te,*
Chant au quel répondit chaque ronde oscillante.
  Puis, un astre des leurs força tant sa clarté,
Qu'un tel astre, au Cancer supposé luminaire,
Un jour aurait un mois en continuité.
  Telle se lève, va joyeuse bayadère,
S'introduit dans la danse aspirant à l'honneur
De fêter l'épousée et non point à méfaire;
  Ainsi mes yeux ont vu le double éclat-splendeur
Venir vers les deux feux tournant en harmonie,
Ainsi que le voulait leur amoureuse ardeur,

Se mêler dans le chant et dans la symphonie,
Et ma Donna sur eux tint son, oeil attaché,
Telle reste une épouse immobile, ébahie.
Celui qu'ici tu vois dormit le front penchê
Sur notre Pelican, et c'est encor lui même
De la croix au grand role appelé, recherché.
Béatrix avait dit, et la Donna que j'aime
Fixant ces trois lueurs, resta sans se mouvoir
Soit avant de parler, soit ayant clos son thème.
Tel fixant le soleil se dit l'appercevoir
Qui voile son éclat, un peu se décolore,
Puis à force d'y voir finit par ne plus voir.
Tel devins-je à l'aspect du nouveau météore
Quand j'entendis: Eh quoi, ton oeil s'éblouira
Cherchant à voir ici ce qu'ici l'on ignore!
Mon corps sous terre est terre, il y demeurera
Jusqu'au jour ou le mort en nombres millenaires
Aux décrets éternels, enfin, s'égalera.
Les deux astres montés à la gloire en ces sphères
Ont eux seuls revêtu le double vêtement:
C'est ce que tu diras au monde de tes pères.
De la guirlande alors le vif scintillement
Se calme, et puis se tait la mixte mélodie,
Voix de la splendeur triple en resplendissement.
Tels à pressant péril, ou manoeuvre accomplie,
Les rameurs qui tantôt fatiguaient l'onde, au chût
D'un sifflet imprévu résonnant à l'ouie
S'arrêtent, telle, alors, que mon âme s'émut!
Quand pour voir Béatrix je me tournai vers elle,
Et je ne pus la voir, bien que mon oeil en fut
Face à face au séjour de la joie éternelle.

PARADIS CHANT VINGT-SIXIÈME

ARGUMENT.

St Jean l'évangeliste interroge Dante sur la charité — Adam raconte au poète sa félicité dans le paradis terrestre et ses malheurs.

Mon oeil était la nuit et mon trouble durait,
Quand du foyer brûlant qui refoula ma vue
Un souffle en est venu qui vers lui m'attirait.
  Tandis que ton oeil sort de la nuit qui l'obstrue
Effet de mes clartés, raisonnons, m'a-t-il dit,
Pour compenser en toi ta faculté perdue.
  Débute, et dis à quoi s'attache ton esprit,
Et ressouviens-toi bien que ta vue engourdie,
Interdite, est intacte, et qu'encore elle vit;
  Car celle qui te meut dans la route infinie
Du haut ciel tient en soi dans son oeil pénétrant
La vertu que jadis eut la main d'Ananie.
  Et je dis: qu'à son gré, n'importe, indifférent,
Vienne un baume à mes yeux, cet organe coupable,
Par où m'entra son feu qui va me dévorant.
  Le bien de cette cour, ivresse inaltérable,
Est l'Alph' et l'Oméga de tout ce qu'en mon coeur
Prescrit, grave l'amour on de rude, ou d'aimable.
  L'organe précédent qui calma la terreur
Qu'avait produite en moi mon oeil fait insensible,
Pour raisonner encor réveilla ma ferveur.
  Maintenant, a-t-il dit, en un plus subtil crible
Tu seras tamisé: dis-nous quels sentimens
Ont dirigé ton arc vers une telle cible?

Moi : la philosophie avec ses arguments,
L'autorité d'ici tirant sa descendance,
D'un tel amour en moi scella les fondements;
Car du bien comme bien ayons l'intelligence,
L'amour s'allume, amour d'autant plus exalté
Que plus grande en bontés est sa circonférence.
Ainsi vers ce principe en qui tout est enté,
(Car tout bien qui reluit au dehors de sa sphère
N'est qu'un rayon, rayon de sa pure clarté)
Vers lui doit s'élever comme but nécessaire
L'esprit affectueux de quiconque entrevoit
Le vrai d'après le quel ce principe s'éclaire.
Ce vrai, dans mon esprit, se développe et croît,
Grâce à qui m'enseigna qu'au rang hiérarchique
Des substances sans fin le faîte en est de droit
A l'amour. Je le sais par l'auteur véridique
Quand à Moïse il a dit allusivement:
Oui, tu verras la force universelle, unique.
Tu l'as inscrit en moi dès le commencement
Du ban proclamateur du sublime mystère
Des cieux, la-bas, Hérault toi le plus éminent.
La voix: par l'intellect des enfans de la terre,
Et par l'autorité qui lui prête la main,
De tes affections garde à Dieu la première.
Mais dis: vers cet amour, quelque appât sur humain
Le sens-tu t'entrainer? Oh, fais aussi m'entendre
Par quel nombre de dents te retient son grapin.
Du grand aigle du Christ je crus, alors, comprendre
La sainte intention, et bien je pressentis
A quel point il voulait m'amener à descendre.
Sans me déconcerter hardiment je repris:
Tous les attraits d'amour à Dieu, de leur puissance,
A servir mon amour se sont assujettis.
L'existence du monde, à moi mon existence,
Le trépas qu'il subit pour m'assurer un lot,
Ce qu'un croyant semblable à moi tient d'espérance,
Unis aux notions dont j'ai traité plus haut
Des flots du faux amour m'ont sauvé du naufrage
Et du vrai, sur sa rive ils ont mis leur dépôt
Du verdoyant Eden j'aime tout le feuillage
Que son jardinier soigne, et l'aime d'autant plus
Que sur eux sa bonté se répand davantage.

Soudain un chant suave alors que je me tus
Retentit dans les cieux, et Béatrix émue,
Disait avec les choeurs; *Sanctus*, *Sanctus*, *Sanctus*.
Tel on s'éveille aux dards d'une lumière aigüe,
La force optique allant au devant du jaillir
Qui perce la tunique et ravive la vue,
Et l'oeil en s'éveillant redoute de s'ouvrir:
Tant au réveil subit on ignore, on hésite,
Si la réflexion ne nous vient secourir.
Telle ma Béatrix monda de mon orbite
Tout ce qui l'obstruait, grâce au double miroir
Dont les dards rayonnants n'avaient point de limite.
Quand mieux qu'auparavant mon organe put voir,
Quelle est, dis-je, étonné, quelle est cette lumière,
La quatrième à mes yeux? Pourrais-je le savoir?
Et Béatrix: ce feu qui, du sein de sa sphère,
Contemple son auteur, c'est le premier esprit
Que jamais ait créé la vertu la première.
Tel un rameau feuillu dont la cime fléchit
Sous les vents voyageurs, et puis droit se relève,
Effet de sa vertu qui vous le raffermit;
Tel ai-je fait, pendant que son discours s'achève:
Je m'étonne, et me sens libre d'anxiété,
Né le désir de dire à l'esprit dont je rêve.
Et je débute: ô fruit seule maturité
Que la terre enfanta complète, ô père antique,
Toi qui vis fille et bru dans la virginité.
Écoute qui t'honore, accueille ma supplique,
Parle-moi? Mes désirs, ton oeil en moi les lit,
Et, pour t'ouïr plus tôt, point ne les communique.
Souvent un animal sous son manteau frémit,
Tel qu'éclate au dehors son instinct volontaire,
Suite des mouvemens que sa toison trahit:
Tel le premier esprit souffle du premier père,
Me rendait transparent sous ses voiles épais
Combien il accourait gaîment me satisfaire.
Bien que tes volontés se taisent, je les sais,
Je les sais, me dit-il, et mieux me les explique
Que tu ne connais, toi, les plus réels objets.
Car je les vois moi-même au miroir véridique
Qui réfléchit de soi toutes les notions,
Quand aucune de lui ne parle la réplique.

Tu veux savoir combien les tems coulèrent longs
Dans ce sublime Eden où ta céleste sage,
A disposé tes pas à tant, tant d'échelons?
Combien de tems il fut le charme de mon âge?
Le grand dédain qui fit que je fus éconduit?
Le langage inventé que je mis en usage?
Or, mon fils, ce n'est pas d'avoir mordu le fruit
Qui motivait en soi cet arrêt qui m'exile,
Mais bien d'avoir franchi l'impérieux circuit.
Du lieu d'où Béatrix a fait partir Virgile,
Quatre-mille-trois-cents et plus deux livraisons
De soleil, mon désir soupira ce concile.
Je l'ai vu parcourant les groupes des saisons,
Tourner autour des feux dont sa route est peuplée,
Pendant ma vie en bas neuf-cent-trente moissons.
Entière s'éteignit ma langue articulée,
Avant qu'au monument qui surgirait envain,
La race de Nembrod s'obstinât aveuglée.
Car nul humain effet, ne peut être sans fin.
La cause? Des mortels le mobile caprice,
Qui sous l'influx du ciel cherche et fuit le certain.
Parler est une chose en quoi rien n'est factice,
Mais parler non ainsi, mais ainsi, sur ce point
La nature se tait cédant à l'artifice.
Avant mon ambassade où le jour ne luit point,
Et sur la terre était la bonté souveraine
Qui circonscrit en moi cette splendeur qui point;
Plus tard ce fut *Eli;* vulgaire phénomène!
L'usage est le feuillage, au printems le nouveau
Y succède au premier qui meurt jonchant la plaine.
Sur le mont qui des mers domine le niveau
Et le plus, là ma vie y fut pure et souillure,
De l'heure la première au coup deux du marteau,
Quand le soleil à six change de tablature.

NOTES

. . . . *da cui io tolsi*
Lo bello stile che mi ha fatto onore. Enf. ch. 1.er

Dante a mis à la torture l'esprit de ses illustrateurs, il est un problème pour les savants; son oeuvre n'a pas de manuscrit authentique; son éducation nous est peu connue: l'homme a passé, *tradidit mundum disputationibus eorum*; son livre a survécu: *vaticinamini ex ossibus istis.* Plusieurs commentateurs ont vu l'idée primitive de son poème dans les légendes anciennes, d'autres dans Virgile se fondant sur le vers ci-dessus.

Uberti Giordani dans une lettre à Evasio Leone établit un point de ressemblance curieux entre le livre de Job et le triple poème; sa lettre se trouve reproduite en tête de la traduction en vers de Job par Rezzano, dans le 2.me volume de la bible de Martini.

Dante est plein des anciens, mais encore plus des livres saints: c'est Moïse, c'est David, c'est Job, ce sont les prophètes, les Evangélistes, l'Apocalypse, les S.t Pères; sa poésie est surabondante des inspirations du ciel, il est le précurseur, le hérault *du Génie du christianisme.* Salomon est pour lui la haute lumière qui n'eut pas de second: on dirait que c'est dans ses écrits qu'il a pris son point de départ: *il saggio indagherà la sapienza di tutti gli antichi, farà studii nei Propheti:* Sapientiam antiquorum exquiret sapiens et in prophetiis vacabit (Eccl. ch. 39. v. 1.) Ezechiel lui a fourni le début sublime, d'un des chants du purgatoire; et le 28.me est plein d'idées empruntées au cantique des cantiques: il est facile de voir que la verve du poète s'est inspirée au langage mystique du grand roi.

La notte ch'io passai con tanta pietà. Enf. ch. 1.er

Noctem illam tecti in sylvis immania monstra
Perferimus. Virg.

Mi ripingeva là dove il sol tace, Enf. ch. 1.er

. . . *Argiva phalanx instructis navibus ibat*
A tenedo tacitae per amica silentia lunae. Virgil.

Cette imitation n'a pas échappé aux commentateurs, mais ils n'ont ni saisi, ni mentionné le fait psycologique qui a produit l'originalité de la pensée: le poète dans l'effervescence de son imagination, et la hardiesse de son style a, par une heureuse transformation de l'abstrait en concret, synthétisé les deux extrêmes du vers. Nous ferons observer à ce sujet que parmi les travaux philologiques modernes qu'on a publiés sur Dante, *Il Florilegio e dizionario dantesco di Mauro Granata Casinese da Messina, stampato Napoli 1855*, n'est point une de ces compilations usées, mais un de ces ouvrages judicieusement, conçus, exécutés, qu'on peut consulter avec le plus grand fruit; tout y est choisi, tout y est bon, presque tout y est neuf et sur tout exposé avec beaucoup de clarté et de goût.

Essa è la luce eterna di Sigeri. Par. ch. 10.me

Les commentateurs italiens donnent peu de détails sur *Siger* et on ne peut s'expliquer sur quelle autorité Pier Angelo Fiorentino a traduit *Sigieri* par Séguier.

M. Victor Leclerc de l'académie des inscriptions et belles-lettres a réuni des recherches importantes sur le professeur de la rue du Fouarre. Il pense que le Siger dont il s'agit ici est Siger de Courtray. Les preuves données a l'appui de cette assertion sont convaincantes, elles sont mentionnées avec détail dans l'histoire de Dante par Artaud de Montor de qui cette note est extraite et meritent d'être transportées dans toutes les prochaines éditions italiennes de la divine comédie ainsi que ce qui a été dit par M. Raynouard sur Arnaulz Daniel.

M. Raynouard de l'académie française, dont il fut le secretaire perpétuel, provençal d'origine, auteur de la grammaire et du dictionnaire de la langue romance, a donné une explication importante du passage du troubadour Arnaulz Daniel, il l'a intitulé: rétablissement du texte de la divine comédie 26me chant du purgatoire: ce texte se trouve altéré dans toutes les éditions italiennes, et même les dernières qui prétendent avoir copié sur M. Raynouard présentent des variations dans l'orthographe.

Che fu già vite ed or è fatta pruno, Par. ch. 24.

Quid est quod debui ultra facere vineæ meæ et non feci ei? An quod expectavi ut faceret uvas et fecit labruscas?

Che è quello ch'io far dovessi per la mia vigna, e fatto non lo abbia? perchè ho aspettato che facesse delle uve, ed ella ha fatto delle labrusche Jsaïe ch. 5, vers. 4.

C'est le propre des grands écrivains de traduire, d'une manière inimitable, dans leur propre langue, les beautés de leurs modèles.

Entendons Racine traduisant Jérémie en poète, et Massillon le traduisant en orateur.

Quomodo obscuratum est aurum, mutatus est color optimus
Comment en un plomb vil l'or pur s'est il changé:

Dispersi sunt lapides sanctuarii in capite omnium platearum. Les pierres du sanctuaire se trainent indignement dans la boue des places publiques: Serm. des Elus.

Et Delille nous reproduisant le fracas de l'Etna dont Virgile fut sans doute témoin plus d'une fois:

. . . . . *Quoties cyclopum effervere in agros,*
Vidimus undantem ruptis fornacibus Etnam
Flammarum que globos liquefactaque volvere saxa.

Combien de fois l'Etna brisant ses arsenaux
Parmi des rocs ardents des flammes ondoyantes
Vomit en bouillonant ses entrailles brûlantes.

Ma dimmi se tu l'hai nella tua borsa. Par. ch. 24.

C' est ici une de ces naïvetés comme on en rencontre quel que fois chez notre poète, et aux quelles ses détracteurs n'ont pas manqué de se prendre; mais qu'est-ce qu'elles prouvent si ce n'est la simplicité, la bonhomie de son âme.

. . . *Coi suoi conti* Par. ch. 25.

T'accorde un tête-à-tête avec ses plus grands Mons.

Mons, abréviation de Monseigneur, titre que les souverains seuls donnent en France aux Evêques et Archevêques dans les formules de salut.

. . . *occhi miei ogni quisqullia.* Par. ch. 25.

On ne peut comprendre Dante qu'en l'étudiant dabord

philologiquement. On ferait sur lui une étude très-utile si l'on comparait sa vocabulation et ses constructions de phrases avec celles des autres langues: soit, par exemple, la langue Romance ou Romane devenue plus tard la langue provençale, langue qu'il posséda bien, témoin les vers qu'il en a cités: on y trouverait une foule d'analogies telles que:

Camino, lou cam n; *la vista* la visto; *il lume* lou lume; *la voglia* la voyo; *assetar* assetar prov. asseoir, fonder, regler; *lo strazzio* l'estras, prov. le ravage, le déchirement: *Quando che sia*, couro que siegue prov. etc. etc.

Quisquilia nous parait être un mot encore plus curieux dans sa généalogie; on dit en provençal à la vue d'un encombrement qu'*es aco*, *qu'es qué la;* ce que le français a traduit plus tard par qu'est-ce que c'est qu'il y a, ou qu'est ce qu'il y a. Le *quisquilia* nous parait un substantif de la phrase ci-dessus: bien des mots sont empruntés aussi à la langue Allemande: *Schermo* (Schirm) abri; *Scherzo* (Scherz) plaisanterie; *snello* (snell) rapide; Desco (Tisch) table, pupître. etc. etc.

Eli si chiamò; e ciò conviene
Che l'uso de' mortali è come fronda
In ramo, che sen va, ed altra viene. Par. ch. 26.

Dante, après Horace, a touché ici un point d'une solution bien difficile rélativement au progrès, au perfectionnement, à la décadence des langues. L'usage y est bien pour quelque chose, mais la corruption des moeurs entraine avec elle les arts, les sciences, les lettres, le goût et le langage.

Il est bien difficile aussi de s'expliquer comment un même mot en s'anagrammatisant, en adoucissant ou renforçant ses voyelles, en substituant la consonne forte à la faible, ou réciproquement, ou bien en les doublant, les simplifiant, ou en contractant les syllabes, a pu représenter la même idée dans diverses langues, et souvent encor une idée toute opposée a celle du radical: je m'explique.

Haret en hébreu, est devenu en latin terra, en français terre, en espagnol, tierra, en italien, terra, en allemand Erd; Erta la déesse Tellus; enfin, Earth en anglais, et ceci s'applique à bien d'autres mots.

Calidus de caldus est devenu caldo, chaud; en allemand Kalt veut dire froid, ainsi qu'en anglais.

Albus, *blanc* en français est devenu *black*, noir, en anglais.

Que de modifications n'a pas subies l'*Ego* des latins; il est devenu yeu en langue romance; *iou* en provençal; *yo* en espagnol; *io* en italien, *je* en français, *jch* en allemand; *J* en anglais; *Eu* en Sicilien. Nous enrégistrons aussi ce dernier parce qu'il appartient à un des dialectes les plus remarquables, et qui a produit les beaux poèmes de Tempiu et de Meli, dialecte dans le quel s'est fondue la vocabulation grecque, latine, arabe, allemande, espagnole, romance, italienne, et qui s'est accrue de leurs tournures et des leurs idiotismes. Pour en revenir à *Je* ce n'est qu'en français qu'on trouve ce pronom avec une synonimie qui en fait une nuance philosophique, personnelle à la langue: *Je* est la relation, *Moi* est l'absolutisme.

> *Io anche son pittore.*
> Je suis peintre aussi, moi!
> L'état, ma botte, le destin c'est moi!

Le modeste *Je* n'a qu'un son sourd, une harmonie malheureuse, qui a nécessité l'invention du sonore *Moi*, que la métaphysique du langage a élevé si haut.

Chacun d'eux a son emploi particulier; l'un ne peut pas être isolément substitué à l'autre, mais dans leur emploi simultané ils tirent l'un de l'autre un mutuel appui. Les analogies de *Je* et de *Moi* vont à l'infini, en considérant ces pronoms comme les mots le sont dans les langues matériellement, idéologiquement, accidentellement, et dans les quatre formes de la construction. Mauro Granata a enrégistré dans son dictionnaire Dantesque soixante variations de sens dans l'emploi de l'auxiliaire *avere:* cent-vingt pour le verbe *essere;* cent-trente-deux pour le verbe *fare;* effrayante statistique grammaticale pour qui étudie les langues.

Ces mêmes verbes si l'on y joint *aller*, *devoir*, *pouvoir* n'en ont guère moins en français (voir le dictionnaire de l'académie.) Ce n'est point ici le lieu de discuter les difficultés d'une langue, mais ni dix, ni vingt ans ne suffisent à en approfondir une.

V*alperga di caluso* a dit en parlant de l'italien: *il saper ogni cosa della nostra lingua, tanto eccede la capacità d'un uomo, che niuno puo cotanto ritenerne in mente, che forse altretanto non gliene resti ignoto o dimenticato:* et que sont nos langues européennes comparées aux langues orientales:

Note pag. 10 additions et rectification.

M. Sébastien Rhéal a traduit Dante comme on écrit un roman. L'édition qu'il a donnée à Paris avec illustrations est élégante et économique; papier, dorure, images, caractères tout y est beau . . . . .

Un travail important a été fait sur le manuscrit du quinzième siècle de la bibliothèque des Bénédictins de Catane, il est dû à *Francesco Tornabene*, *Giovanni Cafici et Luigi della Marra.*

Wright a joint à son édition les belles compositions de Flaxman dont le burin a aussi interprété l'Iliade d'une manière toute homérique.

Quelques tercets de sa traduction donneront une idée de son faire.

In the mid-journey of our life below,
J found myself within a gloomy wood
No traces left, the path direct to show.
Ah! What a painful task to tell how drear,
How savage, and how rank that forest stood,
Which e'en to think upon renews my fear!
More bitter scarcely death itself can be.
But to disclose the good which there J found
J will relate what else 'twas mine to see.
How first J entered, it is hard to say;
In such deep slumber were my senses bound
When from the path of truth J went astray. etc.

EXTRAIT DE QUELQUES EXERCICES CLASSIQUES.

Satan sous la figure du Père d'Jschariot montre en songe à ce disciple, du haut d'une montagne, l'héritage destiné aux apôtres. (*Traduction de l'Allemand de* Klopstock). *Messiade ch. 3.me.*

. . . .

Viens, monte, allons, courage et ne chancelle pas!
Vois-tu ce mont sans fin, dans cet Eden fertile,
Dérouler ses créneaux et son ombre immobile;
Etincelant Ophir, dans ses flancs spacieux
L'or naît, renaît toujours, et des faveurs des cieux
Surabonde en tout tems cette féconde plaine:
De son bien-aimé Jean c'est ici le domaine.
Ces vignes, ces côteaux, ces champs, cette moisson

Qui, vacillante mer, s'enfuit sous l'horizon;
A Pierre, à son ami, c'est un don du Messie,
Vois cette immensité, ton oeil l'a-t-il saisie?
Que de trésors, ici; vingt cités, tu le vois,
Soeurs de Jerusalem, fille de tant de rois,
Sous les feux du soleil montent resplendissantes;
Dans ces riants vallons s'étendent florissantes;
Des Jourdains exhaussés dans l'air, scintillants, purs,
Serpentent d'arcs en arcs jusqu'au sein de leurs murs,
Y divisent les flots de leurs ondes captives
Dont mille Edens riants embellissent les rives.
Là, ses heureux élus trôneront, fastueux.
Distingue, en ce lointain, ce champ sec, montueux,
Étroit, inhabité, rocailleux, sans verdure;
Sur son front la nuit pèse, épandant la froidure,
Instillant ses vapeurs; les neiges, les glaçons
Dorment en ses ravins abimes inféconds;
De nocturnes oiseaux condamnés au veuvage,
Aux soupirs, à l'exil, en ce séjour sauvage,
Seuls tes hôtes futurs, vaguent, lents, indécis
Dans ces bois que la foudre a brisés, a noircis.
Voilà ton legs? Bientôt ils auront l'insolence
D'étaler devant toi, leur royale opulence
Les onze grands Élus, et tu verras leur oeil
Effleurer, fuir ton front où s'empreinte le deuil.
Mais que vois-je, ô mon fils, des larmes, oui des larmes!
Désespoir ou douleur faibles et vaines armes:
Cherches-en en toi-même et vole à ton secours;
Ecoute, a toi, mon coeur va s'ouvrir sans détours. etc. etc.

DÉBUT DE PROMÉTHÉE TRAGÉDIE D'ESCHYLLE

(*Traduct. du grec vers par vers.*)

LA FORCE, LA VIOLENCE, VULCAIN, PROMÉTHÉE.

La force.

Suspendons notre essor où finit l'univers,
Du Scythe c'est ici le ciel et les déserts.
Vulcain, le roi des Dieux a parlé; fils docile,
Obéis: sur ce roc abrupte élève, exile,
Et sous des noeuds de fer, ce bâtisseur d'humains,
Ce misérable . . . il a de ses coupables mains
Déroblé de ton feu cette fleur pure essence

Fleur principe de vie et de toute existence.
L'homme en est investi : ce forfait odieux
Appelle sur son front la colère des Dieux.
Il saura que du ciel on doit craindre le maître,
Et refuser le bien qu'il ne veut pas permettre.

Vulcain.

Célestes messagers des paternels décrets
Rien n'a pu jusqu'à moi retarder votre accès ;
Mais sur ce roc affreux où l'ouragan s'agite
Pour enchaîner un Dieu, moi, mon audace hésite.
S'il le faut j'y saurai fortifier mon coeur :
Qui désoblige un père en émeut la rigueur.
Postérité d'Astrée, adepte intelligence,
Malgré toi, malgré moi, détestable vengeance ?
Sur ce roc escarpé, solitude des airs,
J'enlacerai ton Dieu sous de robustes fers ;
Là, plus d'humaines voix, plus de formes humaines.
Mais, sous un ciel igné, de brûlantes haleines
De tes ans hâleront la fleur. Lente à tes voeux
La nuit viendra du jour éliminer les feux.
L'aurore à son réveil évincera les ombres ;
La douleur, les ennuis, hôtes cruels et sombres
Tortureront ta vie, et de libérateur
Point encor..! De tes maux, eh, quel est donc l'auteur?
Toi, ton humanité, bienfaiteur téméraire ?
Dieu, ta fraude, a, des Dieux méprisant la colère
Du savoir aux humains agrandi l'horizon :
Criminel, sur ton roc, odieuse prison,
Insomne, nu, debout, et le torse immobile,
Tu vivras : plaintes, cris, éloquence inutile !
Le roi des Dieux est tout inflexibilité,
Le Début au pouvoir veut la sévérité. etc.

www.ingramcontent.com/pod-product-compliance
Lightning Source LLC
LaVergne TN
LVHW020629110826
845149LV00004B/1110

* 9 7 8 2 0 1 2 1 6 5 7 1 7 *